HISTOIRES DE....

2000-2023

Gaël Loaëc

On ne lit pas ni écrit de la poésie parce que c'est joli. On lit et écrit de la poésie parce qu'on fait partie de l'humanité.

John Keating – Le cercle des poètes disparus

À mon sens il n'y a pas là de meilleure citation pour parler de ce recueil. Non, contrairement aux idées reçues, il n'y a pas besoin d'une sensibilité particulière, ni d'une aptitude quelconque pour ressentir les textes que vous allez découvrir. Non la poésie n'est pas morte, elle n'est pas cette peau de chagrin désuète qui n'aurait plus sa place dans un siècle qui ne mesure plus sa vitesse, qui ne laisse plus d'espace pour l'émotion ou le partage.

Par cette écriture faussement simple et tellement vivante, laissez-vous surprendre. Gaël vous emmène par la main dans un univers que vous allez vous approprier tout de suite comme le vôtre. Les images font mouche, les évidences bousculent, les mots jouent en joyeux calligrammes, comme autant d'échos à nos vies. Ils vibrent et résonnent dans la pâleur apparente de notre ordinaire, bercés par cette mélodie du cœur. Les animaux se font plus familiers, les objets du quotidien s'animent avec candeur.

Les pieds encrés dans la réalité des temps et la tête dans les étoiles, c'est ainsi que le poète nous touche. Ne venez pas chercher des rimes un peu pompeuses ou des rythmes hypnotiques. C'est l'existence toute nue qui nous parle en toute simplicité et c'est pourquoi, elle sait nous émouvoir.
Le premier texte intrigue, le second émeut sans en avoir l'air, et l'on retourne piocher avec curiosité comme on éclaire des évidences qu'on n'avait pas ressenties tout seul. Cette lumière nouvelle repousse nos solitudes et révèle les saveurs anciennes de notre humanité.
Il y a de la modestie et de l'humilité jusque dans le choix d'un pseudonyme pour mieux se frotter à nos sensibilités.

Sans en avoir l'air, Gaël Loaëc nous ouvre en toute simplicité les portes d'une poésie moderne et pleine, qui s'approprie avec élégance, les éclisses de notre quotidien.

Jean-Baptiste Seigneuric

Comme une Histoire

La poésie qui se lit, comme une histoire,
Rien qu'une histoire, c'est pas des bobards,
J'vous raconte pas des couilles, sur le tard,

La poésie s'élève du matin jusqu'au soir,
Rare, que j'l'enferme dans un tiroir,
Elle n'est pas là, pour claquer dans un mouroir,
N'y pour crever l'écran, en un tour de chant de foire,

La poésie, comme une histoire qui se lit,
Elle vit sans réfléchir, sa philosophie du croire,
Parfois elle se fend la poire, sur les gens d'la Loire
Rien de bien méchant, sans vous décevoir,

La poésie qui se lit, comme une histoire,
Allez vous asseoir, restez pas là sur votre perchoir,
Écoutez la vie, la musique des mots, lisez l'espoir
Chantez le renouveau, au loin le broyer du noir,

Comme une histoire, la poésie, elle se lit,
Les grandes envies et les bons vouloirs,
Bien loin des contes de dortoirs,
De fées et de bobards.

History Of Clan

Peu importe où nous sommes, où nous serons, il y aura toujours des Clans qui se formeront ! Nous ne pouvons pas forcer une tierce personne à adorer l'un ou l'autre pour le bien-être d'autrui, mais nous pouvons néanmoins, soit la saluer ou tout simplement l'ignorer comme bon nous semble, en essayant de ne pas l'anéantir malgré tout ! Un Clan, c'est un peu aussi comme une famille, un lien de sang inévitable et une famille de cœur par des rapprochements sur des affinités communes, déclenchant parfois l'euphorie pour un oui ou pour un non… De nom, il n'y a que le Clan que nous pouvons nommer par un ou deux, car bien souvent deux Clans sont en opposition, celui du bien face à celui du mal ! Mais où nous situons-nous franchement entre le 1 et le 2 ? Car pour le premier, nous sommes probablement le néant, alors que lui se croit la lumière, dans l'autre version du Clan, cela est inversé. Peu importe là où nous sommes, où nous serons, il y aura toujours des Clans qui se formeront ! Des Clash of Clan, c'est des guéguerres de donzelles qui se font cramer les plumes, tout comme des combats de coqs qui ont démarré, pour savoir qui portera le mieux sa crête, sans prendre le risque de penser qu'un jour, elle tombera dans l'arène de la basse-cour de la vie ! Dans le milieu de l'entreprise, c'est encore plus fort avec des balances ton… Cul de jatte de lépreux qui te mettent bien à part dans ton coin, à la limite qu'on te jetterait même dans le placard à balai, histoire de faire le ménage sans effort, alors qu'en fin de compte, la poussière n'est pas celle que l'on croit mais celle que nous laissons virevolter libre de tout mouvement, sans même penser que le mal a démarré à cause de… Peu importe là où nous sommes, où nous serons, il y aura toujours des Clans qui se formeront ! Une histoire de Clan, de l'opposition d'être libre en soi et de ne pas suivre le chemin de l'autre, par risque d'être le mouton de Sa Majesté, voilà l'idée d'avoir sa propre ligne de conduite, sans devoir pour autant tout sacrifier. Mais parfois n'avons-nous pas le choix ? Nous formons des Clans à nous seuls, en interne, (Avouons quand même que cela fait un bien fou d'être nous-mêmes et non celui que l'autre voudrait que l'on soit), également avec des pensées uniques, que nous ne voulons pas égarer dans des têtes qui ne comprendront rien de ce que nous voulons dire tout simplement ! Peu importe là où nous sommes, où nous serons, il y aura toujours des Clans qui se formeront ! À quoi bon s'éparpiller maladroitement sur des sentiers tortueux. Deux Clans ne feront jamais un, car il y aura toujours de pénibles désaccords qui finiront par se régler par des armes, factices ou réelles. Peu importe réellement, car les armes pourront être tout aussi blessantes qu'une flèche transperçant le cœur d'une certaine raison, par des mots qui tueront silencieusement la personne qui les recevra de plein fouet ! Ne pensez pas que lorsque deux clans s'uniront, que tout ira bien pour autant, rien n'ira car rien ne se dira dans la profondeur, tout restera comme en lévitation jusqu'au moment où la foudre s'abattra comme un glaive tombant sur les petites têtes des soi-disant bien pensants ! Peu importe là où nous sommes, où nous serons, il y aura toujours des Clans qui se formeront ! Des Clans, de ceux qui feront mieux le feu que l'autre, de ceux qui sauront faire tomber la pluie, pour mieux éteindre la flamme que l'autre aura réussi à faire naître par la force de son courage, des Clans de jalousie tout bonnement... et puis comme on dit bien souvent « des chiens ne font pas des chats » alors le mieux que l'on puisse faire pour se préserver est de ne pas se mélanger, certes pas la meilleure solution nous diraient certaines personnes de bonne foi mais ce choix n'appartient qu'à nous-mêmes, à notre propre jugement de l'autre, de savoir si l'on désire ou non d'intégrer un Clan dans un autre Clan ! Sans relecture... Peu importe là où nous sommes, où nous serons, il y aura toujours des Clans qui se formeront ! À qui veut bien l'entendre et surtout le comprendre…!

Histoire De Baleine

La baleine n'a pas de parapluie,
Le parapluie a des baleines,
Et quand il pleut, la baleine
Est vraiment toute saucée,
Dans son immense océan salé.

Le parapluie a des baleines,
La baleine n'a pas de parapluie,
Mais quand il fait grand soleil,
Sur la mer bien calme et si bleue,
La baleine rêve d'un parasol géant,
Pour la protéger du tournesol de feu,
Car personne n'est là pour lui étaler, sur
Son imposant corps, de la crème solaire.

La baleine n'a pas de parasol,
Mais le parapluie a des baleines,
Et quand il aperçoit la baleine sur les flots,
En plein cagnard d'été, alors le parapluie
Lui propose d'être son ombrelle de l'océan,
Car depuis qu'il a échoué dans la marine océane,
Il se sent si esseulé de ne pouvoir protéger personne.

Le parapluie a des baleines,
Et à présent la baleine a un ami,
Sur qui elle peut compter,
Qu'il pleuve ou qu'il fasse fort chaud,
Ils sauront si bien s'accompagner...

Histoire Cochonne

Laissez les cochons roses,
Humer de leurs groins,
Les beaux terrains de liberté,
Ceux que jamais, on ne leur
Donne le droit d'empiéter.

Merci de laisser
Les petits cochons roses,
Gambader sur le bitume, près
D'un parc à la fraîche verdure,
De les dessiner ailleurs que
Dans des porcheries, où pour eux,
S'envisage un drôle de futur.

Regardez-les d'un œil, voire
Même des deux, mais ne les
Salissez pas d'un horrible
Dégoût qu'ils ne méritent pas,
Alors que sans cesse, vous
Les rêvez dans vos p'tits plats.

Merci de dessiner des
Cochonneries, (dans la limite
Du raisonnable…) sur des sols
Vraiment bien trop gris, d'y mettre
Enfin de la couleur, là où vous
Marchez, et sur vos faces, y
Ajouter quelques sourires.

Histoire De Pas

Y'a des pas qui s'entrechoquent,
Des pas fuyant le mouvement,
Des pas qui courent et d'autres,
Marcheurs vers l'éternel aimant.
Y'a des pas, petits pas de rat,
Traversant les passages cloutés,
Des pas qui restent sur le trottoir,
Faisant attention de ne pas marcher,
Sur les pas des autres marcheurs.
Y'a des pas, des pas sages,
Des passages rapides comme un éclair,
Des pas malins, des pas de singes,
Des pas qui s'affirment, alors
Que d'autres restent négatifs,
À l'ensemble de leurs alentours.
Y'a des pas qui foncent tête baissée,
Des pas, les yeux dans les cieux,
Des pas qui, par contre, marchent droit,
Traçant sans se retourner, comme si…
…Des fantômes aux pas décolorés,
Talonnaient leurs pas si bien posés,
Sur un sol salement goudronné.
Y'a des pas, des pas invisibles,
Des pas blancs, des pas noirs,
Des pas de couleur,
Y'a des pas… des jeux
De pas.

Histoire D'Âne

Âne têtu,
Tais-toi de brayer
À tue-tête,
De n'en faire qu'à ta tête,
De tourner le dos,
Laissant venir de drôles d'oiseaux.
Âne têtu,
Écoute de tes longues
Et grandes oreilles,
Arrête de crier dans les miennes.
Âne têtu,
Je comprends bien
Que nous ne sommes pas pareils,
Quoique des fois,
On dise de ma personne,
Que je ne suis qu'une espèce d'âne,
Qui n'en fait qu'à sa bourrique ,
En drolatique face de tête.

Histoire De Pluie

La pluie tombe sur mon nez,
Je sens bien que j'vais atchoumer,
Des gouttes, gouttelettes
Sont tombées sur ma p'tite tête,
Zut, zut alors ! Je n'ai pas de capuche
À mon manteau pour me protéger.
La pluie en averse sur mes cheveux,
Oh la la, se glisse jusqu'à mes yeux,
Mouille le bas de mon pantalon,
Et me rend tout fort grognon,
Zut, zut ! Je n'ai pas pris de rechange,
Je sens que j'vais prendre grand froid,
Jusqu'au bout de mes phalanges.
La pluie tombe sur mon nez,
Trop tard pour trouver refuge et
Me protéger... il me reste plus qu'à
Sauter à pieds joints dans les flaques,
Et pis d'abord, j'étais déjà tout trempé !
Aaaaaaaatchoummmmm !

Histoire Du Beau Joe

Il était beau, le beau,
Le Beaujolais,
Roulant les tonneaux,
Ailleurs que dans ma tête grisée.
Dites ? Vous n'auriez pas
Un grand Bordeaux,
Un p'tit vin nantais ?
Il était beau, le beau,
Le Beaujolais nouveau,
Vêtu de sa robe foncée, faisait
Tourner la tête des passionnés,
Qui bouteille après
Bouteille, se débouchait
Sans grande peine.
Dites ? Une petite coupe de
Champ', je dirais vraiment pas non,
Même un mousseux, me rendrait
Tout aussi heureux.
Il était beau, le beau,
Le Beau Joe,
Mais surtout beaucoup
Plus, lorsqu'il n'avait
Pas picoler le p'tit dernier-né
Du Beaujolais dans
Le troquet de son ami Roger…
Il était beau, le beau,
Le Beaujo...Hic !

Attention ! L'abus d'alcool n'est pas bon pour la santé !

Histoire De Cœur

Un cœur,
Ça prend racine dans la Terre,
Ça puise au plus profond,
Les sentiments immenses.

Un cœur,
Ça naît des entrailles du fond,
Du monde qui vit sous nos pieds,
Et s'élève en tornade vers le haut,
Pour dire son beau sentiment.

Un cœur,
Ça prend de son élan,
En un bel envol de soi,
En lâchant ses petits cœurs volants,
Pour aller butiner et donner
De son grand amour avec émotion.

Un cœur,
Ça prend racine dans la Terre,
Et ça s'envole dans les airs…,
…Pour vivre des moments,
Qui feront naître,
Une belle histoire d'Amour
Ou d'Amitié bien sincère…

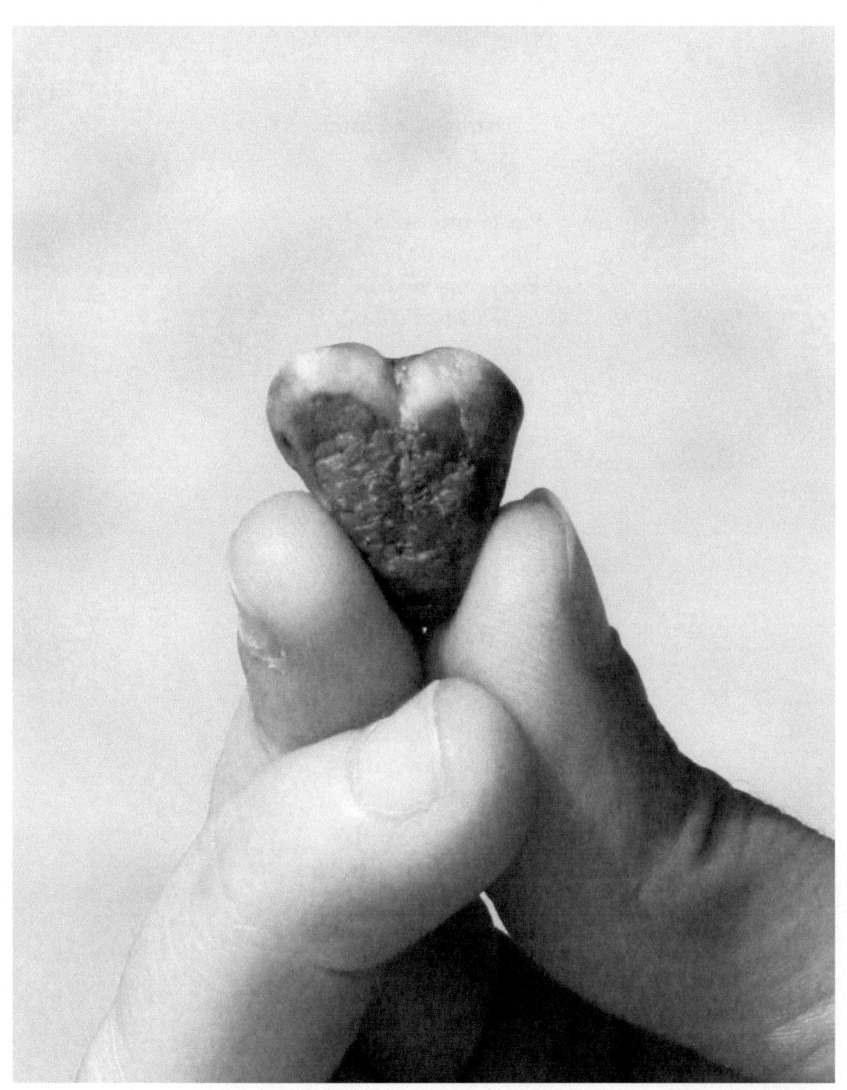

Histoire De Pastel

Pastel-moi en couleur,
Des mots de bonheur,
Égaye ma vie d'un feu
D'artifice coloré,
Qui fera vibrer en
Un éclat de jouissance,
La feuille attendant
Que se pose sur elle,
La douce caresse
De ta pointe
Tendre et arrondie.
Pastel-moi
De tes couleurs
Édulcorées,
Offre-moi
De tes doux baisers,
Flirte délicatement
Avec indécence,
Laisse-toi glisser
Joyeusement
Sur la toile de papier,
Deviens un dessin vivant,
Et pastels-toi !

PASTEL-MOI
EN COULEUR
DES MOTS...
(P-A)

Une Histoire De Libellule

Ô mademoiselle Libellule,
Sur la tige verte, douce
Comme une plume,
Déploie tes ailes et envole-toi,
Vers les cieux sans enclume.

Parcours les sentiers de la nature,
Admire l'horizon et la beauté,
Qui s'offrent pour toi à foison.

Ô mademoiselle Libellule,
Ouvre-nous tes ailes colorées,
Que l'on s'envole sur ton dos,
Découvrir le grand pays enchanté,
Qui assurément nous laisse bien rêver.

Survole la vie et saupoudre
De ta délicate présence, la douceur
Qui nous fait oublier certaines absences.
Ô Mademoiselle Libellule…

Histoire De Pierres

Les vieilles pierres ont parlé,
Elles ont raconté leur histoire,
Que cela fait bien des années,
Qu'à la fontaine, plus
Personne ne vient y boire.

Le poids des ans a fait s'effondrer
Les toits des plus grands monuments,
Qu'au loin on entendait le murmure
En plaintes et gémissements.

Les pierres ont raconté leurs vies,
Qui se déroulaient d'antan,
Bien que les cieux y étaient si gris,
C'était leur gloire en de bons moments.

Avec le temps rien ne s 'y est fait
Pour garder intactes les belles bâtisses,
Il ne reste à présent que des murs élevés,
Laissant la lumière traverser...

...Et de continuer à nous laisser voir
Apparaître les fantômes du passé, avant
Qu'à jamais, ils ne s'évanouissent.

Histoire D' Un Je...

Je regrette de ne pouvoir dire «**Je t'aime**»,
Je te déteste quand vient **l'Adieu**,
Je ne peux pas aller plus loin,
Je m'excuse d'être un frein...
Je regrette que le vent
Ne puisse pas t'emporter
Jusqu'aux nuages des «**Je t'aime**»,
Je te déteste que tu sois parti
Sans me dire un simple **Adieu**,
Je ne peux pas faire autrement
Et J**e m'excuse** d'être
Tout simplement un humain
Avec parfois de drôles sentiments,
Me privant de tes **Je**.

Histoire De Destin

Le destin se joue de nous,
Et nous jouons avec lui.
Il s'approche, il s'avance
Doucement à notre porte,
Toc toc, je suis le destin,
Viens et suis-moi,
Suis moi, prends ma main,
Je te guiderai vers elle, vers lui.
Le destin est un petit coquin,
Ne dévoilant en aucune manière,
Les secrets de la destinée.
Soit il peut choisir de nous envoyer
À la porte du maître Lucifer
Ou bien nous expédier
Sur les grandes routes du Paradis.
Le destin se joue de nous
Et nous jouons aussi,
De notre peau,
De notre vie...

Histoire De Modestie

La modestie nous tuera de honte,
De rougir comme une pivoine,
D'écrire telles des folles avoines,
Comme des fous hurlant, courant
Dans les couloirs du vent.

La modestie laissera vivre
En liberté nos lignes de contes,
D'aller ici et là, de voguer
Au gré des pages blanches, nous
Laissant alors dans nos doutes,
En grande force et turpitude.

La modestie nous couvrira
De retenue, d'abaisser
La lumière qui nous entoure,
De croire et de nous laisser penser,
Que le temps n'aura pas d'emprise
Sur le simple moment de vivre, dans
L'effacement et la pudeur du jour.

La modestie se prendra les pieds
Dans le tapis, si un jour prochain,
On se prend d'avoir la grosse tête,
Il nous faudra alors recevoir
Une claque dans la gueule,
Et une bonne douche glacée, afin
De nous remettre dans le droit chemin,
Sur la route de la vie en modestie.

La modestie nous tuera de honte,
De rougir comme une toile de sang,
Où se trouvent les pivoines affolées,
Courant le monde auprès d'hallucinants
Tarés, se croyant être des maîtres en quête,
Ne regardant qu'eux-mêmes et leurs nombrils si dorés.

Histoire D'un Vouloir

Vouloir n'est pas toujours pouvoir,
C'est le moment à vous d'y croire,
Ce que je veux n'est pas toujours ce que je peux !
Que même, si j'm'en donne la force,
Je ne suis qu'un homme au fond, et j'fais
Ce que j'peux, avec les simples moyens
Du bord et la faiblesse sans volonté, que le grand
Et impénétrable Univers m'a délivré en offrande,
À la naissance du petit être que j'suis...
Vouloir n'est pas toujours pouvoir,
Le pouvoir appartient à celui, qui
Y croit plus fort que la foi,
Que même les lois, les plus absurdes,
N'y feront rien pour y remédier,
À ce bon vouloir d'y croire en chacun
De nous, de notre grand pouvoir de réussite.
Croire, c'est, en quelque sorte, rêver les yeux
Ouverts, de vouloir sans pouvoir, c'est songer
Sans pour autant en prendre la fuite, à la moindre
Barrière se mettant de travers, sur le sentier de notre raison.
Vouloir n'est pas toujours pouvoir, tout comme pouvoir n'est
En aucun cas y croire, vouloir c'est tout simplement y croire,
À ce rêve qui se trouve à la portée de nos mains, et à ces songes
Qui nous apprennent à sourire, à la seule pensée d'un meilleur lendemain.
Vouloir, c'est déjà y croire...Et c'est déjà beaucoup pour réussir à avancer !

Histoire De Printemps

La vie en bousculade,
Quand arrive le printemps,
De terre, sortent à nouveau
Les fleurs, jusqu'alors en
Repos, pour un renouveau
En une jolie danse de vie,
Aux couleurs éclatantes
Et tellement si verdoyantes.
Le printemps, c'est le retour
De la saison des amours,
Aux mélodieux chants,
Accompagnant si bien
Le bel astre lumineux,
Offrant un soupçon d'espoir,
Une lumière de possible,
Aux plus nécessiteux, afin
De leur dire, que la vie
Est renaissance, après
Un passage à vide...
...En suspens.

Histoire D'Écureuil

Écureuilles-moi une noisette,
Petit écureuil de la forêt,
Noisettes-moi un écureuil,
Petite noisette des bois,
Laisse-toi cueillir que je te mange,
De ton goût savoureux, il me plaît,
D'être si belle douceur
En mon palais finement aiguisé,
Je suis le plus heureux des sciuridés.
Noisettes-moi un écureuil,
Petite noisette des bois,
Écureuilles-moi une noisette,
Petit prince de la forêt,
De craquer sous tes dents,
D'être ton frugal repas, il me plaît,
D'être pour toi, une crème
D'envie et d'un extrême désir.
Écureuilles-moi une noisette,
Petit écureuil, à la queue
Au flamboyant panache,
Noisettes-moi un écureuil,
Petite noisette des prés boisés,
Laisse-toi aller, à mon aisance
De voltigeur jusqu'aux grands arbres,
De te croquer avec délicatesse,
En une osmose et palabre-tendresse.

Histoire D'Une Pensée

Laissons les pensées s'envoler,
Au gré des vents sans contraire,
Laissons le temps de se faire,
Pour défier l'immonde Lucifer.

Prenons le temps de penser,
De panser les lieux qui ont tant souffert,
D'offrir au monde la pensée,
D'être libre dans sa liberté, de clouer
Le bec, à toutes ces putains de guerre.

Vivons en pensée pour toutes nos mères,
Vivons et approchons-nous de nos pères,
De nos petites sœurs et grands frères
Qui ont osé combattre contre la misère.

Laissons la pensée, de vivre et de s'envoler,
Que les rêves soient colorés de liberté,
Laissons, laissons les pensées dicter les cœurs,
Et que le mot espoir soit maître sans peur,
Oui, laissons les pensées...

Histoire D'Un Trait Sans Fin

Un
Trait
Sans fin qui
Ne connaît pas
De début, ni de fin
Des commencements
Qui n'en finissent pas
De zigzaguer sans but
Précis à l'intérieur d'un
Carnet joliment saccagé...
Un trait sans fin,
Qui s'dit dans sa ligne :
«Comme c'est vraiment
Bien de faire c'que
J'veux et où j'veux !»
De prendre le départ,
Pour ne pas en finir
En écharpe de laine,
D'échapper à l'enfermement
De la pelote, que le chat
Du voisin prendrait
Sûrement plaisir à
Méchamment dérouler...
Un trait sans fin comme
Des routes qui s'entremêlent,
Qui s'entrechoquent, qui s'entortillent,
Ne sachant seulement que son heure de départ,
Mais point quand viendra le moment de la triomphale arrivée...
Un trait sans fin qui en fait le début d'une grande aventure colorée...
...Soyez prêt pour le décollage à bord de la fusée «Saccage Ce Carnet !»

Histoire D'Un Jour Qui Se Lève…

Le jour se lève,
Et je n'ai point sommeil,
Ce matin, j'ai la crève,
Dans le ciel, nulle corneille,
Mon amie, l'insomnie
M'a accompagné toute la nuit,
Sans y faire le moindre bruit.

Le jour se lève,
Près d'un arbre, à la sève
Dégoulinante de son bon plaisir,
J' voudrais prendre le temps,
De m'assoupir et de sentir
La nature, pénétrer en moi,
Me déshabillant
De ma lourde armure.

Le jour se lève, et de même,
En a fait le soleil,
La Lune est partie, depuis
Un bon moment se coucher,
Tout au fond de son grand lit étoilé.

Mes yeux sont grands ouverts,
À l'orée de l'immense forêt,
J'entends bramer le vieux cerf,
Serait-ce donc un rêve éveillé ?

Le jour se lève, … et je n'ai
Toujours pas sommeil.

Hist' Oire

Par un beau soir, Monsieur Tamanoir croisa Mister Noir, tout petit loir à tête de poire, il était près de son fumoir, et parlait d'un énorme manoir dans les forêts de la Loire. Tamanoir ne voulut le croire, il pensait que c'était que des histoires d'un grand soir, il demanda à son beau miroir : -« Est-il vrai mon beau miroir, que dans les hauts bois de la Loire se trouve une imposante demeure de gloire ? » Le miroir doré acquiesça à la question du tamanoir :

- Jadis, au temps des gueux en foire, un grand et énorme manoir fut construit afin d'abriter créatures et bêtes de foire, on ne sait le pourquoi du comment mais certains énergumènes n'arrêtaient pas de faire de la balançoire, d'autres pourvus de grandes nageoires glissaient de leurs pieds nus sur une fine couche huileuse en guise de patinoire, pour finir à s'en aller se remplir la panse au réfectoire, s'enivrant directement à l'abreuvoir et s'évanouir dans l'immense dortoir.

Enfin bon, bref, j'en passe des meilleurs, je n'y suis pas là pour les envoyer au prétoire, ni pour les mener à l'abattoir, j'crois bien qu'il est tout simplement vraiment temps que j'arrête, à la source, de boire et que je me stoppe de me raconter de telles sornettes et drôles d' hist' oires…

Histoire De Trains Amoureux

Sur le chemin des rails,
Deux locomotives,
Aux couleurs distinctes,
Se sont rencontrées,
Par un beau jour, d'un grand
Mois estival ensoleillé.

L'émotion est palpable
Entre les trains amoureux,
De voyager côte à côte,
Comblait de bonheur,
Pupuce et Momo.

Rien ne pouvait les séparer,
Si ce n'est autre que les rails séparateurs,
Elles auraient bien eu ce désir,
De convoler sur le chemin de fer,
En une seule lignée.

Mais le maître de la gare
N'eut nul égard,
De leurs regards passionnés,
Que ce n'était qu'une belle histoire,
Qu'une amourette d'été.

Alors pendant de longues années,
Les deux locomotives filèrent
Ensemble sur la route de l'amour,
Ne se souciant des que dire,
Elles étaient l'une aussi proche
Possible que l'autre.

Parfois elles arrivaient à se suivre,
L'une derrière l'autre, l'autre derrière l'une,
Ainsi arrivèrent dans leur vie,
Fifi, Titine et Loulou,
Faisant d'eux des parents comblés
Sur la belle voie ferrée d'Artouste en Pyrénées.

Histoire Sans Parti Pris...

Je ne vous raconte même pas l'histoire du chauffeur de Mélenchon, il s'est pris le trottoir alors qu'il était encore bien rond avec à son bec, une dose de chichon. Et si à présent je vous parlais du scooter de Macron, vous savez celui qu'il a hérité de l'autre Tartempion ? Brigitte en aurait pour ses frais, s'il lui viendrait à l'idée à son petit con, d'aller bouffer des macarons avec une Julie ou un homo dans un appartement de Bobo ! Je ne vous raconte même pas l'histoire du chauffeur de Mélenchon, lui qui a été reprogrammé et hologrammé pour servir l'état en chauffeur de salle et goûteur de gnôle à l'Élisée, lorsque le fils du fromager fera sa « Boom Gay Party » de sauvage banquier. Le scooter de Macron, quant à lui n'attend qu'une chose, rouler sans casque dans les rues de Paris, escorté par une garde rapprochée, d'être pris de tous les côtés et surtout par derrière, à l'image de ceux qui ont voté pour son propriétaire, c'est-à-dire bien baisés, pas comme la « Mère Macr'Elle » qui n'arrive plus à se faire dûment chevaucher !

Je ne vous raconte même pas l'histoire du chauffeur de Mélenchon, ni d'ailleurs celle du scooter du petit Macron !

Histoire De Feuille Arbrée

Sur le sol glacé, une feuille givrée,
Un bel arbre d'Automne,
Majestueux, semblant enneigé,
N'attendant qu'une seule chose : enfin
Reprendre vie, ses racines ancrées
Dans la forêt l'ayant vue naître.
Un recommencement, dans la beauté
De l'éternel renouveau,
Qui se répète, inlassablement.
Une feuille givrée, sur le sol glacé
L'arbre de la feuille semble
Se taire à jamais,
N'a pas dit son dernier mot,
Il attend patiemment, dans sa droiture,
Que revienne la douce saison,
Qui le verra redéployer ses ailes,
Reprendre de ses couleurs,
À la douceur des rayons
Du haut soleil.
Sur le sol glacé, une feuille
Arbrée, pas si givrée que ça
Tout compte fait,
Elle ne fait qu'hiberner,
Tel un vieil ours mal-léché,
Se mettant en retrait, pour mieux
Se préserver, de la pénombre
Automnale.

Histoire d' Oscar et du Proviseur

Quand Oscar se paie
La tête du Proviseur,
Os court et lunettes noires,
La ressemblance est terrible,
Mais y' en a un qui reste
Au fond de la classe de sciences,
Et l'autre qui arpente les couloirs,
En Proviseur bien attentionné.

Quand Oscar, la cravate en moins,
Se déguise en Proviseur,
Au secours et lunettes noires,
Il nous montre, presque, toutes
Ses blanches dents, dans
Un ricanement troublant,
Alors que le Monsieur le Prov
Reste de marbre dans sa tâche,
En bon penseur silencieux,
Et fort de son sérieux.

Quand Oscar veut s'la jouer
Le roi de la cour de récré,
Lunettes noires en bout d'«nez»,
Os court et tête bien vissée,
N'est pas qui veut le Proviseur
D'un grand lycée, d'un bahut
Si bien représenté.

Je décerne non pas le César,
Mais l'Oscar du Proviseur
De l'année, à Dominique NDL
Pour son investigation
Auprès de son établissement,
Le sieur Prévert, j'en suis sûr
En serait, d'émotion, tout retourné.

Une Histoire D'Omar

Omar le homard,
Shérif des océans,
Chevauche
Son fidèle destrier,
Décampe l'hippocampe.

Homard l'Omar,
La mer est son terrain
De vie et de chasse,
Pourchassant sans cesse,
Elmer la vipère des mers.

Omar le homard,
Après moult et dur labeur,
De ses grosses pinces,
Agrippe le rebelle des eaux
Sombres et profondes.

Homard l'Omar,
Mérite bien son étoile
De justicier de l'onde,
Parcourant l'étendue salée,
Afin que règne bonne loi.

Omar le homard, shérif des océans
Et Décampe l'hippocampe
Son intrépide cheval des mers,
Filent et luttent sur le dos
Des grandes marées.

Une Histoire D'Ibou

Ibou le hibou est à bout,
Il avait mis un sou
Sous un caillou,
Mais ne savait plus où.
Il se prit la tête,
À s'en tordre le cou,
Il courut beaucoup,
À droite et à gauche
Enfin bref, un peu partout.

Ibou le hibou,
À la recherche
De son sou, se mit
Alors à genoux, et gratta
Le sol tout mou.
Il ne trouva rien
Pas même un petit sou
Mais se retrouva nez à nez
Avec Monsieur Poux
À qui il narra
Sa mésaventure.

Bouhhh, bouhhh !
Fit le chagriné Ibou,
J'ai perdu mon tout,
Mon tout petit sou,
Bouhhh !
Le savez-vous, vous
Cher Monsieur Poux,
Où se trouve ma pièce
En forme de roue ?

Par grande chance,
Mini-Sieur de Poux
L'avait vu près
D'un petit poil,
Petit poil de choux.
Trop lourd à porter,
Il l'avait laissé sur place,
Il guida alors
l'Ibou réconforté, vers
Le trésor enfin retrouvé.

Une Histoire D'Amour

Qu'est-ce que l'amour, me demandes-tu ?
L'amour jaillit au plus profond de soi,
Où toutes pensées, sens ainsi que
Membres se mettent en émoi.
Je ne peux l'expliquer, pour ma part,
Que par la parole, mais l'envie
Constante me tiraille, d'être près de toi.
Pour vivre le grand amour, il faut être deux,
Je sens et ressens les deux à la fois.
J'attends, impatiemment, que ton cœur
Batte enfin la chamade pour moi, pour
Te serrer, te prendre et me blottir dans tes bras.

Une Histoire De Rêve

Fais de tes rêves, une réalité,
Fais de ta réalité, un rêve éveillé,
Laisse le songe venir à toi et l'habiter
Laisse le réel de côté pour approcher le songe
Comme si c'était la dernière chaude nuit d'un été,
Ferme les yeux et imagine un futur possible,
Ouvre ton présent et avance vers lui.
Vers la présence qui saura te faire avancer,
Un pas qui suit l'autre, un à un,
D'autres qui suivent les prochains,
Les barrières se franchissent, certes parfois
Avec beaucoup de mal, mais elles se franchissent,
Et lorsque tu auras traversé cette grande étape,
Alors dans ton cœur tout semblera pour le mieux,
Et ton âme se sentira légère pour continuer
De fouler le chemin que le destin a écrit pour toi,
Bien même avant que tu sois, sur cette Terre, né.

Une Histoire De Neige...

Y'a de la neige dans ta narine,
De la poudreuse en shoot glisseuse,
Si tu as froid dans ton spleen,
Alors, arrête ta fumette enfumeuse.

Il a neigé dans ta tête des grains
De folie, des grains de peut-être,
Tu sembles si perdu dans ta putain d' came,
Qu'il est peut-être enfin arrivé ce temps,
De cracher ton dernier gramme.

Y'a de la neige au bord de tes lèvres,
Une seringue en piquouse, à ton bras
Droit, tu ne lui fais aucune trêve,
Si tu penses que tu as chaud
Dans ton slip en trip, n'y crois rien,
C'est ta tête qui prend une bonne claque,
Et ça n'me donne pas l'envie d'en rire.

Il a neigé dans ton corps, des doses
Qui te font apercevoir des éléphants roses,
Une défonce royale à t'en faire perdre les pédales,
Y'a de la neige dans ton... Et sur ton cercueil,
La Blanche-Neige pleure et se recueille,
Le shit et autres cochonneries auront
Été ton minable Clap de Fin...De junkie!

Une Histoire D'Amitié

L'amitié traverse les frontières,
S'en fiche des couleurs de la peau.
Elle se souvient de nos tristes hivers,
Lorsque se récitent nos jolis vers d'eau.
À même le sol, teinté d'espoir et de vert,
Nous n'avions pas peur des grands râteaux.
On disait de nous que nous étions bien fiers,
De naviguer sur le même bateau.
À la conquête des étendues du Parterre,
Où nous étions ensemble si beaux.
L'amitié traverse les frontières,
Que tu sois sur Terre ou bien dans les Airs
Que tu sois sur Mer, l'élément ou la couleur
Ne me fait fichtrement pas peur !
La petite voix de ma raison,
C'est tout simplement le cœur…

Dans la nature, l'amitié se fiche bien que tu sois noir, rouge, rose ou blanc...de pétales (P.A)

Une Histoire De Malle

Il y a bien longtemps de cela, venant d'une très très vieille maison, est venue jusqu'à mon ouïe, l'histoire d'une malle... La malle a dit, car oui on me conta qu'elle parlait, d'une écriture semblant venir de nulle part ailleurs, cette grande caisse qui jonchait un plancher délabré par ce temps que personne n'avait voulu lui accorder.

On me dit qu'elle causait un langage incompréhensible avec des lettres qui se collaient les unes aux autres sans pour autant qu'elles ne signifiaient la construction de mots intelligibles, ne pouvant pénétrer jusqu'à nos petits cerveaux, limite cervelles de moineaux que nous, pauvres humains, ne pouvions y comprendre le sens réel des mots cachés.

Je fus intrigué par ce dire et je voulus en savoir un peu plus sur cette chose dite au hasard d'une nuit chaude et orageuse. Je pris possession de l'adresse de la vieille baraque et m'en allai la boule au ventre et le cœur serré par tant de mystère que presque j'y allais à reculons, la sueur commençant à dégouliner sur le front et les jambes limite flageolantes.

La porte s'ouvrit au tintement de sonnette de la porte, quelque peu surpris et décontenancé, car j'imaginais cette vieille bicoque si reculée du monde, inhabitée. Et bien non, il en était tout autrement que le fond de ma pensée ! Une frêle dame à l'allure pittoresque m'ouvrit son antre sans poser de questions et me fit m'engouffrer dans son lieu de vie.

Je lui racontai de ce que j'entendis de mes oreilles et elle acquiesça sans broncher, sans le moindre sursaut d'incompréhension. Elle me dit de sa voix à demi éteinte, si faible comme l'était tout autant la lumière qui obscurcissait sa demeure, que tout était vrai et que la malle se posait là depuis des lustres dans son grenier poussiéreux.

L'occupante des lieux m'expliqua qu'elle avait l'impression que la malle était déjà là bien avant la construction de la maison, que ses parents avaient hérité d'une très vieille tante, il y a bien longtemps. On lui avait toujours interdit d'ouvrir la caisse de bois, sans en savoir le réel pourquoi, et je la vis, rien qu'à cette idée, qu'elle en tremblait telle une fleur luttant contre le vent.

La dame, au prénom si vieillot d'Adélaïde, à l'âge bien incertain mais probablement aussi âgée que la maison, me mena jusqu'à la caisse de bois,
je découvris une pièce semblant d'une rareté telle que même l'antiquaire du coin en resterait alors bouche bée. Dans un silence monastérial, au-devant de cet objet, nous pouvions

apercevoir sur le devant, une gravure bien énigmatique.

Adélaïde resta près de moi, sans bruit, le souffle court, lorsque j'entrepris de soulever le lourd couvercle de la grande boîte. À l'intérieur de celle-ci jusqu'à mi-hauteur, un tas de feuillets manuscrits s'y trouvait, avec comme il était dit, un assemblage de mots et de lettres ne voulant absolument rien dire, enfin. En tout cas, c'était bien sûr hors de portée de mon savoir.

Nul besoin d'avoir à déchiffrer les feuilles d'écriture, une voix se fit entendre comme sortir d'outre-tombe. Je regardais la vieille Adélaïde, tout juste à côté de ma personne, sa bouche resta fermée, comme cousue de fils transparents que je crus bien même qu'elle allait faire une syncope alors que la voix semblant appartenir à la malle, continuait à jaser dans un monologue parfait.

Je ne comprenais rien à cette histoire, tellement cela semblait invraisemblable. La malle avait une voix douce et féminine, d'un âge relativement jeune, elle parlait, parlait tant, qu'au bout d'un moment j'avais cette impression étrange de tout comprendre de ces mots, l'air apeuré, au point même que je me mis à refermer la malle, dans un fracas à en faire trembler les murs de la vieille baraque.

Je pris la main d'Adélaïde, nous marchâmes d'un pas rapide, sans regarder par-dessus nos épaules. À double clé, on referma la porte, je voulus embarquer Adélaïde hors de ses murs, elle en décida autrement. Sa maison, c'était sa vie, son refuge jusqu'à ce que le bon Dieu vienne la chercher dans son sommeil me dit-elle. J'en conclus que je ne pouvais rien y faire pour l'en dissuader, c'était son dernier choix pour se rapprocher de la croix du Seigneur.

Au fil des années, je ne voulus plus rien entendre se rapportant à cette maison, de cette étrange malle, mais je n'avais jamais cessé de penser à Adélaïde. Au point même, d'avoir voulu donner ce prénom désuet et charmant à la fois, à ma fille que j'eus quelques années plus tard. Peut-être est-elle encore de ce monde ? Peut-être que la malle attend encore qu'on vienne l'ouvrir ? Si à jamais, interdiction ! Veuillez jamais ouvrir cette caisse de bois ! Sinon...

Une Histoire De Sally

Sally la salamandre danse sur la mousse d'un mois d'été, tout en étant bien à l'abri des rayons du soleil, protégeant ainsi sa peau d'ocre et d'ébène, la rendant reconnaissable aux yeux de tous. Sally n'a qu'une seule envie, d'aller lézarder et de noircir son corps, enfin se faire mousser, d'avoir une robe si parfaite. Sally crapahute et se faufile doucement entre les brins d'herbe, une véritable expédition dans un labyrinthe naturel, le tout en zieutant les éventuels prédateurs qui mettraient alors fin à son règne de belle du jardin, ce qui l'empêcherait alors de concourir à la MBP (**Miss Beauté Protégée**) de l'année. Sally n'en a que faire d'un garde du corps pour la protéger, elle est reine du camouflage dans son élément, ce qui ne l'empêche pas malgré tout d'écouter les précieux conseils de sa copine Reinette, qui à tue-tête lui hurle dessus: «Espèce de protégée ! Fais donc bien attention, il y en a qui aimerait avoir ton pedigree, ce qui garantirait une certaine survie dans ce monde en extinction...». Sally la salamandre danse sur la mousse d'un mois d'été, sans trop se soucier de son futur, vivant sereinement son présent. Admirez la ravissante salamandre, et observez-la de vos yeux, et dites-vous que Sally a bien chouette allure dans sa chatoyante verdure!
Alors Protégeons Sally !

Histoire De Petit Pois

Il était une fois un rond petit pois,
Rond comme un ballon,
Mais plus petit qu'un citron.

Il était une fois un petit pois,
Chiche, il était le petit pois rond,
Chiche de tourner à toute vitesse,
À tire-larigot, plus vite qu'un escargot,
Dans une assiette, pour éviter de se faire
Planter par une méchante fourchette.

Il était une fois un rond petit pois,
Vert, il était de son état, rouge de colère,
De foncer, pour ne pas se faire attraper.

Il était une fois un petit pois,
Chiche, il était le petit pois rond,
De s'acoquiner avec la carotte,
D'en faire d'elle son alliée, pour barrer
Le passage de la fourchette, d'aller droit
Jusqu'au palais, en voilà une drôle de destinée.

Il était une fois un rond petit pois,
Rond comme un chapeau breton,
Mais bien plus petit qu'un melon.

Il était une fois un petit pois,
Chiche, il était le petit pois rond,
Chiche de faire tourner en bourrique
L'enfant qui, désespérément, essayait
De l'attraper, alors que forcément celui-ci
Aurait préféré, une bonne assiette de frites.

Écrit testé et approuvé par Louna R., 3 ans ½

Une Histoire Du Temps

Le temps se courbe sous le vent,
Se profilant de sa force, aspergeant
De son souffle les longues galères.

Le temps efface les amertumes du passé,
Laissant baigner dans une autre dimension,
La plus dure des années.

Le temps est un ami, aussi bien qu'un ennemi,
On le voudrait bien plus long,
Nous laissant vivre plus de choses en bon.

Le temps se laisse faire, face aux forces de Lucifer,
Décuplant de son pouvoir, pour nous plonger
Parfois dans de grands désespoirs.

Le temps nous saisit de sa magie aussi,
Flirtant sur la douce voie de l'amour
Voulant rimer avec le mot toujours.

Le temps se maintient sur le beau,
Se propage sur le mauvais, illuminant
De beauté, son ciel d'un bel arc-en-ciel.

Le temps se courbe sur le torrent, où l'onde
Fait jaillir de sa tumultueuse vie, pour aller
Se calmer plus bas, après une descente vertigineuse.

Le temps est si précieux, que devant ses prouesses,
On se dégage du temps pour en apprécier sa grande valeur,
Même lorsqu'on n'a finalement pas ce temps.

Une Histoire Du Temps 2

Le temps brûle mon cadran,
L'horloge a cessé de frimer,
D'avancer sa petite et grande aiguille,
Sa trotteuse en talon aiguille.

Le temps marche à l'envers,
Pour nous faire observer
L'envers du décor,
La noirceur du dehors,
Qui court après son sort.

Le temps est une histoire
Sans queue ni tête,
Soit, il est à la fête,
Soit, il sonne votre défaite.

Le temps se fait orageux
Quand de nos yeux perle la pluie,
Sommes-nous bien trop vieux,
Pour courir après une parfaite invisibilité
Nous faisant alors perdre un temps
Tellement si précieux.

Une Histoire De Grippe

Ah grippe ! Toi qui me donnes le frisson,
La fièvre m'envahit quand tu t'approches de mon corps,
Je tremble de tout mon être, de mes pores
S'évaporent les beaux anges de mes envies.

Je ne doute que tu ne viennes que par amour, alors
Agrippe-toi une dernière fois en moi, pour un ultime assaut,
Promets-moi ensuite, de quitter mon enveloppe humaine,
D'aller charmer ailleurs, y mettre un frein. Stop !

Ah grippe ! Toi qui, dans le dos, me donnes si froid,
Je transpire de ta venue, je m'habille en dévêtu.

Que j'en oublie très vite où se joue ma vie,
Bref enfin bon, tu me fais tourner la tête que j'en ai le tournis.
Agrippe-toi une dernière minute !
C'est mortel comme un shoot,
Une ligne droite en continu qui disjoncte.

Ah grippe ! Toi qui t'aventures et qui t'agrippes,
Tu réveilles en mon corps de drôle de sens
Que Jamais je n'avais ressenti auparavant.

Libère-toi de moi, libère-
Moi de toi !

Une Histoire De Coin-Coin

Il court sur la tête
De son copain, le Coin-Coin,
Il est semi-marathonien,
Fort bien accroché à sa casquette,
Il tisse les beaux liens.

Parfois, il se dit que jouer,
Sous les jupes des filles
Il serait bien, que de courir
Ne sert fichtrement à rien.

Que de glisser d'un va et vient
Entre les gambettes, qui affolent
Jouer au sex-toy en bon pote,
Serait un autre plaisir, bien autre chose,
Que de courir et monter les grandes côtes.

Il court, il court le Coin-Coin
Bien plus que la chanson du Furet
Qui parfois peut se perdre en chemin,
Ne sachant vers quoi il court,
Dans tous les recoins.

Il court le Coin-Coin,
En Breizh à l'aise, en tête
Et sommet, pour finir numéro un,
Surmontant l'épreuve bec
En l'air, l'air de rien.

Oui Coin-Coin, il court,
Portant fièrement les couleurs
De sa patrie, accompagné de son grand
Et bel ami, Sergio dit Le Folgoetien.

Histoire De Yéti

Yéti, yéti pas,
Homme-Animal,
Animal hors norme
Ou singe des grands froids,
Où te caches-tu ? Pourquoi donc
Ne te trouve-t-on pas ?
Yéti, yéti pas,
Aux grands pieds,
Sans nul sabot de bois,
Bête de foire, cache-toi !
Yéti, yéti pas,
L'étendue des profondeurs
Est ton lieu de survie
Contre la modernité
Et les hommes de sang-froid.
Yéti, yéti pas,
Dissimule-toi dans les grottes,
Dans les sombres souterrains,
Les humains inhumains,
En veulent à ta peau, d'assouvir
Le mystère qui se cache en toi.
Yéti, yéti pas...
...Abominable, il est dit de toi,
Minable, l'homme dans sa supériorité
Se proclame grand roi de l'humanité.

Une Histoire du Chaperon Rouge

Le chaperon rouge a bien vieilli,
Elle avance sur son chemin
De terre et de verdure,
Tournant le dos au très vieux loup
Qui continue de la poursuivre.
Mère-Grande depuis longtemps,
N'est plus qu'un souvenir, mais
Chaperon rouge jamais ne l'oublie.

Le chaperon rouge, vêtue de rouge,
C'est de là que lui vient d'ailleurs
Son bien drôle de nom, avance
D'un pas lent, mais fort assuré,
Vers sa demeure à mi chemin,
Entre ville et campagne.

Elle se rappelle sa jeunesse, où
Elle s'en allait cueillir des fraises des bois,
Pour sa grand-mère alitée.

Le chaperon rouge a bien vieilli,
Mais dans sa tête, elle se sent encore
D'une grande fougue, ce qui n'est
Plus vraiment le cas du loup, à la langue toujours
Pendante, traînant péniblement sa patte.

Le loup a bien vieilli, tout comme le chaperon,
Qui éprouve de la pitié pour la pauvre bête,
Bien que celle-ci n'ait eu le moindre remords
D'avoir croqué son aïeule.

Le chaperon rouge propose alors
Au vieux, très vieux loup
- Ô sieur Leu, vous qui traînez la poussière
De votre queue décharnée, malgré
Que vos dents soient encore bien affûtées,
Laissez-moi donc vous aider ?

Nous ne sommes plus en âge de
Jouer au chat et à la souris,
Vous êtes seul le Loup , autant que
Je le suis moi-même, entraidons-nous
De finir correctement notre vieillesse,
Nos jours se comptent à présent,
Je m'occuperais de vous et vous de moi,
Comme de vieux ennemis-amis.

Le vieux loup n'en croyait pas de
Ses longues oreilles, serait-ce là donc
Une terrible et belle aubaine ?
Le loup vieillard accepta l'offre de
La vieille chaperon rouge et s'en allèrent
Côte à côte, sur le chemin.

La dame aux cheveux gris et au manteau rouge
Aperçut néanmoins le loup, esquisser
Un drôle de p'tit sourire en coin…

L'histoire ne nous dit pas la suite, mais on
L'espère beaucoup moins tragique, que celle
De mère-grand qui fut croquante, sous les dents
Pointues du grand méchant loup, au temps
De son règne et de sa jeunesse…

FIN

Une Histoire De L'Arbre Cyclope

Malgré son armure à l'écorce argentée,
écorchée par les années,
l'arbre cyclope ne peut que laisser,
de son unique œil, couler abondamment
sa sève de vie, se souvenant sans cesse
les ravages de l'Homme dans les contrées boisées,
se rappelant aussi le temps de sa jeunesse où l'amour
se gravait en lettres sur son tronc lisse et déridé…
Touché en plein cœur, autant par la haine que par
les Je t'aime, l'arbre cyclope continue son bout de chemin
enraciné dans sa terre, racontant, par le vent dans
ses feuilles, au loin, les présages d'un monde qui aspire
à être bien meilleur, racontant à la génération future,
qu'elle soit humaine ou non, que la nature est
d'une grande beauté qu'il ne faut pas sacrifier,
que l'avenir de l'Homme est d'une couleur verte naturelle…
Touché en plein cœur, l'œil de l'arbre pleure
mais ne désespère pas d'un changement,
il sera alors brutal ce changement mais bénéfique
pour recommencer une nouvelle vie, et lorsque cela arrivera,
l'arbre cyclope pourra alors sécher les larmes
de sa sève intérieure, l'arbre cyclope pourra
alors se mettre à nu, se déshabiller de son écorce,
armure argentée, de tout danger… Touché en plein cœur,
toujours debout, solide et bien ancré dans cette terre qui l'a vu naître,
l'arbre cyclope à l'œil du sage que chacun de nous devrait écouter.

Histoire Fantôme

Les fantômes de nos passés,
Traversant nos pensées,
Allant ici et là nous hanter.
Les fantômes, traînant boulets
Et chaînes à leurs grands pieds,
De la peur, ils en font
Un bien drôle de jouet.
Les fantômes de nos passés
Parcourant les murs dans la foulée,
Prennent un grand plaisir
De nous rendre bien cinglés.
Les fantômes, les fantômes,
Les fantômes !

Atelier
de Tissage
Le Bihan   Le Bir

D'après une création originale de Julien Laparade,

Pop-Up Story Ou Une Histoire De Livre Vivant

Les pages s'animent en beauté
Comme des histoires extraordinaires,
Partageant de leur magie, à nos yeux ébahis.

Ce sont de belles images qui se déroulent
C'est une poésie imagée qui s'enroule
Réveillant les classiques de la littérature enfantine,
Laissant chanter la plus douce des comptines.

D'une page à l'autre, s'ouvrent des mécanismes
Faisant apparaître des décors insoupçonnés,
Dans des découpes si bien ajustées.

Les pages dansent au rythme des doigts délicats
Qui se trémoussent d'un geste avenant,
Laissant naître dans un docile mouvement,
Des trésors colorés à l'écriture de premier choix.

Oh les pop-up, si vous saviez…,
Sage est le plaisir des pages
Nous ramenant à l'enfance
Offrant de la magie à consulter, en une belle danse.

Bourgeonne-Moi Une Histoire…

Si je pouvais vous raconter une histoire
Je vous dévoilerais alors celle
De la naissance d'un bourgeon.
Croyez-moi ou non
Mais c'est comme une éclosion
Une folle explosion de la vie
Qui s'aventure dans le vert de la nature.
Ce vert peut être aussi beau
Dans le noir et blanc
Ne laissant apparaître alors
Que la véritable couleur qui veut grandir,
Sans rien dévoiler de ses secrets de beauté
Dans un monde grand naturellement.
Si je pouvais vous raconter une histoire
Je le ferais forcément par quelques mots
Mais croyez-moi ou non
Là n'est pas la raison de ma venue.
Je suis juste là pour admirer en silence
La vie naissant sur le rameau
S'ouvrant à l'immensité du printemps.
Alors et si je vous bourgeonnais une belle histoire.

C'Est Une Histoire...

C'est une histoire
Qui se répète
Sans cesse
Dans ma tête.

C'est une histoire
Que je ne laisse voir
À personne
Même pas dans le noir.

C'est une histoire
D'un soir
Que je note
Sur mon vieux grimoire.

C'est une histoire
Que je ne peux raconter
C'est une histoire
Ou alors, il faudrait vous tuer.

C'est une histoire
Qui par amour
Sortira de son tiroir
Peut-être un jour.

C'est une histoire
Que je ne peux vous raconter
Ce n'est qu'une histoire,
Et si vous insistez, alors
Je n'aurai plus le choix.

Un Petit Rêve Pour Une Grande Histoire

Un petit rêve de printemps
Se réveillant tout doucement
M'a sorti de mon sommeil
À la douce odeur de miel
De mes copines, les abeilles.

Les fleurs sortant de
Leurs longues absences
De la rudesse du froid hivernal
Ont fêté la lumière,
La savoureuse printanière.

Papillons, coccinelles
Champignons, Dame Nature la belle
Les colorés cœurs s'envolent
Dans un ciel s'ouvrant sur la terre verdoyante
En une explosion de jovialité.

À la fin de l'hivernation
La musique de la vie s'étend
Vers le monde florissant
Guidant mes petites pattes
Direction pour **une grande histoire**.

À Mathieu Lvvssr,

Une Histoire de Vieille Branche et de Jeune Pousse

Tout commence un jour comme ça, d'être un jeune pousse qui en veut et qui pense être plus fort que l'ancêtre qui a pris racine depuis des lustres sur un monde de terre, jusqu'au jour où le jeune pousse se bonifie avec les années et les temps humides, suivi d'un soleil qui l'a fait monter, flirter avec les cimes célestes, pour enfin devenir ce bel arbre méritant ce respect tant convoité par la nouvelle génération de la végétation environnante.

Un jour, revenant de nulle part, l'arbre aux vieilles branches, parfois fourchues, comme peut l'être le nez de certains humains, aperçut non loin de son vieux vieux tronc, un tout petit truc qui venait de sortir de la terre et prendre forme sous l'apparence d'une simple brindille, il crut fortement à un drôle de ver de terre sortant de son nid terreux, mais que nenni, point de mouvement lombricien, mais une petite croissance lente avec des petites feuilles ont vu apparaître.

Je me rappelle encore du temps où moi-même j'étais jeune pousse, à peine sortie du sol de la vie, il m'a pris sous sa plus belle et élégante branche de feuilles jaunâtres. J'étais fier d'appartenir à la même espèce que lui et avais de l'espoir de devenir aussi majestueux, maintenant il semblerait que cela soit à mon tour de faire la même chose avec cette petite pousse d'à peine quelques centimètres de haut, de l'accompagner pour devenir beau et fort et indéracinable.

Jeune pousse, écoute donc la sagesse de l'ancien, du brut de décoffrage à l'état pur, je n'en serais que trop fier de te faire monter voltiger dans les airs, de te faire profiter du grand espace aérien et acquérir cette liberté, cette jouissance d'être unique et multiple à la fois. Écoute-moi et tu verras que prendre de la hauteur et de l'âge n'est que signe d'une maturité accomplie par la grâce des vieux et de la témérité d'un chacun.

Vieille branche, écoute-moi, je suis bien petit pour l'instant dans le massif forestier mais la force de vous autres m'accompagne déjà pour un long chemin. Il y a tant à parcourir dans notre monde que, même si nous ne bougeons point, j'en frémis de mes jeunes bourgeons d'avoir de tels parents pour accompagner mes jeunes années. Écoute et tu verras que je serais élève de bonne foi et que je pousserai vers la lumière, tout en abritant les volatiles de notre clairière.

Tout commence un jour comme cela, d'être une jeune pousse qui en veut, d'être une vieille branche qui a encore de beaux restes, où l'entraide reste majestueuse dans les contrées des géants de bois, d'être le soutien de la nouvelle génération comme celle de la vieille bûche qui a vécu des hivers rigoureux, où protéger reste le maître-mot de chacun, afin de ne pas finir brûler dans l'âtre et partir en fumée sans se battre et sourciller du bout de la feuille.

Histoire d'une Histoire

L'histoire avec un H majuscule n'est que le rêve de la grande Histoire qui se lit et qui rassemble les vivants et les défunts…

C'est l'histoire d'une histoire qui n'en est pas une, juste une petite histoire mais celle qu'on voudra bien se raconter, avec une lettre bien minuscule, celle du petit « h » qui coupe la feuille en deux à l'aide d'une hache bien affûtée. Histoire d'une histoire qui n'a rien à se mettre sous la dent, à part celle de narrer son histoire d'être une histoire toute petite qui ne parle de rien d'autre que son ressenti de ne pas toujours être comprise. Choisir les mots, les bons comme les mauvais, aligner l'ensemble comme si c'était un collier auquel nous enfilerons les perles, une à une, en écrire l'ouvrage et noircir les pages du temps jauni par la détresse et les vents, tout en finesse et en rentre-dedans car je n'ai jamais su dire les choses tout simplement, sans aboyer lorsqu'une caravane passe et j'en passe, les wagons de marchandises qui déboulent sur les rails pour faire tout tomber du camion…. Ça commence bien mal cette histoire d'une histoire qui ne veut absolument rien dire, sans queue, ni tête à trancher à l'échafaud du ridicule mais n'est ridicule vraiment que celui qui ne saura pas lire entre les lignes, de la main, qui écrit et qui coupe le clap de fin, avant d'avoir fini de lire ce qui est à se dire… Histoire d'une histoire, n'importe quoi vraiment, tout ça pour rien, que des mensonges qui s'activent comme une sonnette d'alarme-réveil de téléphone portable de bas étage et voilà encore que je me perds dans mes délires de névrosé à peine réveillé de ma débauche nocturne. Histoire d'une histoire qui prend tout son temps, tant il n'y a rien à dire, à faire, tant de temps à vouloir faire le beau avec un semblant de folie que les cheveux même viennent alors à se hisser comme des pics de porc-épic sur le sommet d'un crâne rasé. L'histoire n'en est qu'à son balbutiement de vie mais tout vient à point jusqu'à la bonne cuisson de la page blanche qui se noircira avec l'envie de vous faire lire un peu plus même s'il n'y a pas beaucoup plus d'intérêt que les premières lignes qui se sont déjà posées. Vous faire tenir en haleine de chacal et vous faire plonger dans les mers froides de l'Iroise afin de ne nous laisser aucun répit de vous réchauffer… Vous avez froid dans le dos ? Y'a pas de raison à cela car le sang glacé n'est qu'une possible glace à dévorer quand viendront les chaleurs de l'été. C'est l'histoire d'une histoire qui n'en est pas une, et puis on s'en fiche bien de tout mais sûrement pas de l'imagination inconfortable qui en découle, qui possiblement vous a rendu mal à l'aise de ne pas avoir su lire entre les lignes de cette main tremblotante qui n'avait absurdement rien à annoncer de concret !

L'histoire avec un H majuscule n'est que le rêve de la grande Histoire qui se lit et qui rassemble les vivants et les défunts…

Histoire D'Une Journée À 40 Degrés

Étouffant, malaisant, je suis mal dans ma peau de jeune pachyderme, la chaleur est ma pénombre d'une marche au ralenti où la sueur a pris le pas silencieux. Tu bouges, tu sues comme une vache qui est prête à mettre au monde, tu meurs d'être que toi, ton poids, ton surpoids et cela même si tu as beau chier dans la grande soie.

40 degrés à l'ombre du pommier ou du moins dans ton habitation aux rideaux fermés, le sable blanc n'est que du bitume où tu te crames les pieds si tu y marches pieds nus dessus, insupportable. Mais il est où le sorcier de la pluie qui éteindra les feux de la Lande de Brasparts ? L'enfer brûlant fait cuire tout sur son passage, le vert a disparu, séchant pour des décennies les beaux paysages.

Le front est dégoulinant, si ce n'était que ça, mais non tu es moite de partout, dégueulasse, vraiment pas sortable. On pourrait croire que tu sors de la salle de sport, mais en faite ce n'est point le cas, tu sors de ta douche pour te rafraîchir et déjà tu as l'impression de chlinguer, comme si tu n'avais rien fait, tu as bougé un sourcil et paf tu te prends une grosse suée.

Tu marches à l'ombre et tu repenses à ce morceau du vieux Renaud « Casse-toi, tu pues et marche à l'ombre », et merde maintenant j'ai la chanson dans la tête, mais ce n'est pas grave j'essaierai de la refourguer à quelqu'un d'autre ! Ouais, casse-toi étouffante et malaisante chaleur, car j'ai comme l'impression de crever dans les terribles flammes du Diable, ô malheur.

Oh punaise ! J'entends au loin le tonnerre de Brest gronder, la pluie va dégringoler en trombe les escaliers. Une divine éclaircie , un flash du photographe peut-être ? Mais non, c'est la foudre des dieux qui s'abat enfin sur nos têtes, juste un pisse-trois-gouttes pour l'instant, on prend ce qui est à prendre, y'a qu'à déjà s'en contenter, c'est pas mal pour un début de se sentir revivre.

La fraîcheur reprend tout doucement le pas de la raison, mais dans ta baraque, c'est toujours le 25-30 degrés qui est affiché, les ventilos font le boulot qu'à moitié de déplacer l'épuisante sueur autour de toi, sur le coup cela te fait un bien fou mais que dalle. Alors tu t'abreuves d'eau plus que fraîche et de crèmes glacées servies dans des petites coupelles en inox bien démodées.

Histoire Au Jour, Le Jour

Il faudra bien que cela s'arrête un jour, de courir dans les cimetières de nuit, de vivre au jour le jour parmi les ténèbres qui fuient.
Il faudra bien que le vent se calme d'être tempétueux, d'être irrespectueux, de vivre à cent à l'heure à n'importe quelle heure.

Il faudra bien un jour, de lâcher prise avant que le courant emporte tout, tout sur son passage, que les cieux de braise s'évadent ailleurs, effaçant nos jolis paysages sans rancune mais avec la rancœur d'un monde en sursis.
Il faudra bien vivre avec, bien malheureusement, d'être des pantins de nuit qui gambadent dans les ruelles sombres. Le paradis s'est crashé la gueule sur les trottoirs du métro de Paris, pour s'échouer la tronche dans les écuries de la diablerie.

Il faudra bien survivre à la connerie, ne pas s'effacer pour ne pas être oublié comme une ombre qui passe, qui nous suit juste un temps et disparaît d'un mouvement, claquement de talon.
Il faudra bien que les ailes des avions deviennent plumes de vent, peu importent les réactions, que les salles du paraître survivent au simple mot « Action ! »

Il faudra bien qu'un jour beaucoup de choses changent, que le chaos n'a pas dit son dernier mot, qu'il est grand temps de poser son hamac au sol, de rentrer dans la danse de la rébellion, de chasser les opportunistes bien plus que les renards, branle-bas de combat !
Il faudra bien que les sorcières descendent un jour de leurs balais pour prendre les armes et leurs poudres magiques, tout cela sans tragédie avec la seule intention de remettre un peu d'ordre dans nos lieux de misère et redonner les lettres de noblesse à notre pauvre Terre.

Histoire d'un Silence

Le silence n'a plus rien à offrir que celui des lourds pas de l'histoire, les chuchotements de l'hiver font craquer le plancher de la raison et celui des vaches prisonnières sans aucune raison.

Le silence n'a pas dit son dernier mot de sortir son râle dominant du tiroir, un aboiement des ténèbres, à en faire tomber les squelettes d'un temps, au point de s'en casser maux et vertèbres.

Le silence s'est tué sur les chemins d'un soir, laissant place à un grondement immense, les bombes meurtrières dansent sur les peuplades, les longs sifflements jouent au rythme d'une cavalcade.

Le silence s'offre le luxe, trop souvent, de se taire, de se ressourcer au fond de ses tripes, il a vêtu ses vieilles fripes, voulant passer inaperçu, depuis sa bulle, avant l'éclat du monde.

Le silence est une terre d'espoir où seules les pensées peuvent grandir dans la paix, mais il accueille également le mal, en son être, qui vrombit d'un son sourd les plus machiavéliques idées.

Le silence souffre dans les jardins de l'impuissance, écoutant les chants des martyrs qui s'élèvent au même niveau que les âmes damnées, tonnant sa douleur. Alors il lui faut hurler sa terrible rage et recommencer de zéro sa retraite spirituellement silencieuse pour échapper au fardeau de l'univers.

À Zola C.

L'Histoire de Zoco Henla

Je crois bien que je suis amoureux, de sa gentillesse, de son joli minois, de sa douceur, de son sourire, de ses cheveux de cendre, fendant l'armure d'un ours un brin mal léché.

De sa petitesse qui fait d'elle une grande dame, de sa force, de son caractère, de sa fragilité, de sa jeunesse, de son prénom qu'elle porte si bien, avec sur les épaules, les quelques racines d'un des plus grands auteurs, elle a tout d'une grande mais elle ne le sait peut-être pas encore.

Je crois bien que je suis in love d'elle, même quand il lui arrive de faire un peu la gueule, mais cela ne vient que très peu rarement, et si cela lui arrive alors son sourire plein de charme reprend vite le dessus l'instant suivant.

C'est l'histoire de Zoco Henla, la petite sœur que je n'ai pas, un petit bout de femme au caractère fort bien trempé, haute comme cinq pommes, prêtes à être dégustées, qui croque son instant présent délicatement, une fille de la mer et du soleil charmant, princesse et roi du Pacifique Océan, flirtant à tour de rôle avec les éléments de la vie.

J'en pince pour elle, non pas seulement parce qu'elle est séduisante et vraiment belle, mais pour le petit être qui fragilise les âmes où les mots s'épuisent et se taisent pour une éternité.

Elle est déstabilisante au possible, nous laissant las et pantois, sa timidité effleure les anges et la chaleur qu'elle diffuse aurait de quoi faire fondre le marchand de crèmes chocolat glacées sur une plage d'été.

Zoco, un drôle de prénom que vous vous dites là ! Oui probablement, mais…

L'originalité d'elle fait prendre de la hauteur, ceux qui l'accompagnent et les chemins ne sont qu'un plaisir de fouler, au point d'en oublier de regarder les paysages qui défilent à nos côtés.

Toujours le pas pressé, qu'on a cette drôle d'impression qu'elle court tout le temps, une mini tornade qui tournoie à la manière d'une toupie dansant dans le vent.

C'est l'histoire de Zoco Henla, surnommée Zo ou bien même Zozo, un sacré petit bout d'oiseau des îles, ouvrant sa coquille petit à petit, déployant ses ailes qu'on en oublierait le fracas des vagues s'abattant sur les roches côtières.

Je crois bien que je suis amoureux, de ce silence qui parfois peut régner. D'un rien dire, tout se dit. Le calme qui désarme mais qui peuple le temps en longues minutes, qui se conte en un temps figé, arrosant de son passage richesse et bonté.

Ce que j'aime d'elle, son petit côté « mode guerrière », quand elle attache ses cheveux d'ébène,- signifiant qu'elle est prête à tout défoncer, à ne rien laisser flancher. Elle est affriolante d'envie d'apprendre et de connaître. Elle est la liberté qui fait disparaître certains maux, une jeune aventurière dans la splendeur, remplie d'une fougue qui sait avoir de la retenue. C'est l'histoire de… De Zoco Henla, jadis surnommée Zolita Banana, petite frangine fragile mais super fortiche, une indocile au cœur de miel, fumant l'espoir à plein poumon, dansant et fredonnant que la vie est une putain de chouette chanson !

je vous plante sur ces dernières lignes' c'est cadeau ¡

La concentration n'est point au maximum' rien a y faire'
de l'intérieur' j'entends que dehors il pisse des seaux d'eau'
je vais en rester là' je sens bien que c'est plutôt galère'

Là' je comprends plus rien et pourtant ce n'est pas un rébus·
je ne sais par où aller' ma caboche est encore en mode' à l'arrêt'
a la fin pour espérer un semblant d'avoir le début'
une histoire à l'envers' oui mais par où commencer ¿

j'vous laisse juge a la lecture' les mains non loin du clavier·
pour autant' ce que je vous dis la n'est pas que du vent'
d'une tête fort bien retournée' sans faire pour autant le poirier'
on peut bien penser que l'exercice est une perte de temps'

de narrer l'impossible est fort possible que cela finisse a la pissotière·
et il se peut vraiment que tout cela parte a vau-l'eau'
mais je ne sais par où commencer sans vous retourner le cerveau'
je vous raconterais bien une petite histoire à l'envers'

Histoire à l'Envers

JOUEz
RIGOLEs
AMUSEz VOUS
9882 VK 29

Histoire du Chaperon d'Hiver

En plein hiver, froid et enneigé, la Petite Chaperon Rouge s'en va chercher des provisions pour sa Mère-Grand qui doit rester allongée dans son lit, par un gros rhume qui l'a beaucoup fatiguée.

Parmi les arbres qui se ressemblent tous, la demoiselle, toute de rouge vêtue, prit le courage entre ses deux mains, de vouloir porter son aide à sa vieille Grand-Mère.

Chaperon Demoiselle n'avait qu'une seule peur, celle de croiser Leu, le Grand Méchant Loup qui hante la forêt.

Marchant d'un pas rapide, mais toujours aux aguets, la fillette ne vit personne à l'horizon mais réussit néanmoins à se perdre de son chemin, par fortes neiges, tombant du ciel grisâtre.

Pourtant, elle, connaissant si bien le sentier, ne put imaginer un jour se perdre dans ses endroits qu'elle avait parcourus tant de fois.

Elle se mit à genou, pleurant de tout son corps, ne pensant même plus au Leu des Bois, quand vint soudain, surgissant de nulle part un Lapin Blanc-Gris.

Le Lapinou s'approcha du Chaperon Rouge sans crainte.

La petite, en rouge habit, après avoir séché ses quelques larmes, caressa le lapin comme pour se réchauffer les mains et là, elle lui dit: « Oh comme tu es bien dodu, oh comme tu as de longues oreilles, oh comme tu as de toutes petites dents etc. … ! »

Le lapin ne répondit rien à cela, car il n'était pas comme le loup de la forêt, qui avait (on ne sait pas comment d'ailleurs) appris le langage des Hommes.

« Tu sais petit Lapinou, tu ferais là un bien bon civet pour ma Mère-Grand. Avec toi, elle reprendrait vite faite des forces pour se remettre debout bien assez rapidement, et de ta laine si douce, cela lui servirait à se fabriquer de jolies moufles… ».

Ni une, ni deux et toujours point de Loup à la queue leu leu d'eux, direction la maisonnette de la Grand-Mère…

La suite de l'Histoire, nous ne pouvons que l'imaginer à présent, afin de ne choquer personne et encore moins les petits enfants qui en écouteraient ou liraient ses quelques lignes, mais ce que l'on sait, c'est que la Petite Chaperon Rouge n'eut plus froid aux mains, du reste de la saison hivernale et de quelques autres suivantes.

FIN

Histoire d'un Départ

Se retourner sans le dire à Dieu, sans se soucier de vous voir une dernière fois, pas le moindre mot envers ceux, celles qui ne méritent pas mes maux. C'est l'histoire d'un départ, à l'arrache sans vous prévenir à l'avance de mon état, sauvage sans sourciller et nul mouvement de tête pour acquiescer d'une éventuelle interrogation. Une fuite, vous pensez vraiment que l'on peut appeler cela comme ça ? Partir sans rien dire, sans s'intéresser à quiconque, à part ma propre personne, nu comme un ver qui reste enfermé dans sa terre, à l'ombre des inutiles et des infidèles. Une évasion vers un paradis du risque-rien vers un risque-tout, pas du tout, le tout est si bien réfléchi de vous emmerder jusqu'au bout ! C'est l'histoire d'un départ, je n'aime pas faire des Adieux alors je ne vous dirais rien, vous pouvez mettre le feu à la poudre, la mèche est trempée mais pas de vos larmes asséchées. La vie est faite ainsi, d'un renouvellement de la Terre à la lumière, pas d'inquiétude à ce sujet, ma lumière n'a jamais vraiment brillé, toujours en demi-teinte, empreinte d'une vie passée bien meilleure, surtout dans mes rêves à moins bien sûr que cela ne soit un cauchemar bien éveillé de n'avoir été juste que moi, un brin taiseux avec ceux qui ne me conviennent pas. Se retourner sans le dire à Dieu, si ça, ce n'est pas malheureux, de prendre les gens pour des C… Ainsi va la vie diraient les plus gentils. Histoire d'un départ qui n'en est pas réellement un, d'ailleurs je m'en tape bien le coquillard des avis des autres, autant que des apôtres, mon foie ne supporte que l'eau du bénitier des sorcières qui ont brûlé aux bûchers des péchés, je n'ai rien à me reprocher de mon côté. Comment vous le dire que je suis le maître absolu de mon destin avec un boulard et un QI d'huître surdimensionné, pourtant que je vous rassure un peu le poil du cul relevé, je reste simple et basique dans mon rôle de pestiféré que j'alimente avec fierté. Parfois, je me demande où je vais me rendre avec de telles absurdités de mots, sur quel chemin, j'irais bien me planter…, sur la route des sentiers des ânes ou sur les voies impénétrablement pavées de Rome et de ses légionnaires illettrés ? Histoire d'un départ, les pieds au-devant, sans détourner le regard vers un avenir que je me permets de croire qu'il sera bien mieux que ce que j'avais vraiment pensé.

Histoire Sans Lendemain

Il est tombé tout petit, dans le tonneau de vin,
Un peu comme Obélix, tombé dans son chaudron de potion Magix,
Depuis, Super Plein a des pouvoirs, celui d'être toujours Plein,
À l'image d'un Didier Super qui est loin d'être Super,
Du grand soir au petit matin, une bizarre histoire sans lendemain,
Super Ivre est son grand ami, deux super héros pour une débauche,
Vers une vie qui ne mène à rien, ce n'est pas vraiment très malin,
Ils marchent clopin-clopant, leurs grosses mains sur les baloches,
Cela peut sembler à première vue bien moche, pourtant il paraît même,
Qu'ils ont réussi à faire des gosses, pauvres gamins !
Super Plein n'a pas besoin de faire le plein dans son gosier,
Hiver comme été, toujours assoiffé à en déborder,
De se jeter dans les bras du vieux tonnelier, et de lui dire,
De remplir fissa le tonneau de sa mixture préférée,
Super Ivre n'en est pas à son premier coup d'essai,
Son super pouvoir c'est d'être régulièrement soûl, mais lui paraît-il,
Que tout petit, il est tombé dans l'étrange puits des Boafous
Alors il boit autre chose que de l'eau, enfin dit-il
Que c'est surtout pour oublier.

Histoire en Expressions

ou

« J'ai la moutarde qui me monte au nez »

J'ai la moutarde qui me monte au nez, j'crois bien que je suis un peu énervé, que dans les rayons des supermarchés, il n'y a plus ce condiment tant convoité. On nous dit qu'il n'y aura bientôt plus de riz, que c'est la pénurie, on nous prend vraiment pour des cons, je trouve que là, c'est fort de café, que si un jour je n'ai pas ma tasse de jus de chaussettes pour me réveiller, autant rester la tête dans le cul au fond de mon lit. Ils ont beau chanter comme des casseroles que tout ça va s'arranger, qu'il faut mettre un peu de beurre dans les épinards, mais je doute fort de ces guignols que le peuple a chaudement installés à l'Élisée. On nous balance restriction sur l'énergie pour ne pas avoir la lumière à tous les étages, qu'il faut baisser le chauffage mais pas sûr que la facture sera bien plus allégée, pour nous aux petits oignons. Il est peut-être venu le temps, pas le temps des cathédrales qu'on restaure à tour de bras, qu'on arrête de nous prendre pour des prunes, les blondes ne s'en remettraient pas. Y'a plus aucune thune dans le bas de laine des Sœurs Économe, fort sûr qu'on nous prend pour des pommes, des vaches à lait qu'on ne pourra plus traire d'avoir été trop pressées comme un citron. Un jour, forcément cela tournera au vinaigre, ce n'est pas un appel à la révolution, ça sera l'ultime solution pour qu'on arrête de nous prendre pour des pions qu'on place sur l'échiquier de la reine mère qui mériterait d'être jetée en prison. Arrêtons d'avoir un cœur d'artichaut alors qu'on s'apprête à rentrer dans un grand froid de canard pour une bande de connards, nous ne sommes que les pantins, les moutons de Panurge d'un drôle de guedin, allez donc savoir si ce type-là n'a pas une araignée au plafond de sa Brigitte sans fardeau à porter sur le dos. J'ai la moutarde qui me monte au nez, j'crois bien que je suis un peu énervé ! Non, non je ne suis pas soupe au lait mais parfois il faut dire ce qu'il en est, que nous prendre pour des Cons, un jour faudra stopper, vous pensez peut-être que là, j'en fais tout un fromage mais imaginez donc votre bidon d'essence à sec, il vous faudra mettre de l'huile de coude dans la machine pour que mille et une jambes s'activent pour continuer à gagner six francs, six sous et des tickets resto que tu n'auras plus le temps de dépenser. Parfois, j'aimerais avoir le cul bordé de nouilles mais ce n'est pas dans mes moyens, alors je fais sans en dépensant le fric que je n'ai pas, faudrait peut-être songer à faire sauter la banque avant que la banqueroute fasse des bas de nos laines avant la chute finale ! J'ai la moutarde qui me monte au nez… Oufff pour l'instant, il reste encore du PQ mais pour combien de temps encore ?

87

Histoire d'un fou de mots

Il manie les mots comme le proviseur karatéka manie son nunchaku.
Lui ce n'est pas un cas raté mais un cas particulier.

C'est l'histoire d'un passionné de mots qu'il manie sans dessus dessous, et surtout sens dessus dessous et qui n'a pas son pareil.
Mais il n'hésite pas à sortir parfois son appareil pour faire des photos ou prendre sa trombine.

C'est l'histoire d'un vrai breton qui sait mettre le ton et il est aussi tonton.
C'est l'histoire d'un papa qui n'est pas paparazzi et ne roule pas en papamobile mais qui aime faire souvent lever la papatte à son chien.

C'est l'histoire d'un vrai breton qui vit au bout de la Terre où il peut faire un temps de chien.

C'est l'histoire d'un vrai passionné de lettres et il y gagnera ses lettres de noblesse, j'en suis convaincu.

C'est l'histoire d'un bel écrivain qui écrit des strophes en neuvain mais pas en vain.

C'est l'histoire de Gaël qui est mon ami, qui ne passe pas son temps à faire des origamis sur le tatami et qui n'a pas peur des tsunamis.

C'est tout simplement mon ami.

PK2.0

Dominique Nguyen Duc Long est proviseur du lycée Robert Doisneau à Corbeil-Essonnes,
Également auteur de deux ouvrages :
- Le proviseur K2.0 ! Un jour, je serai à votre place. (Éditions le Faucon d'Or)
- Le proviseur K2.0, Saison 2. (Coëtquen Éditions)

© 2025 Gaël Loaëc
Édition : BoD · Books on Demand, 31 avenue Saint-Rémy,
57600 Forbach, bod@bod.fr
Impression : Libri Plureos GmbH, Friedensallee 273,
22763 Hamburg (Allemagne)
Dépôt légal : Juin 2025

ISBN : 978-2-8106-2598-7